LA BATALLA DE WATERLOO

El enfrentamiento que cambió el destino de Europa

Por Gaëtan Deghilage
En colaboración con Mélanie Mettra
Traducido por Marina Martín Serra

Historia · en50MINUTOS.es

LA BATALLA DE WATERLOO

DATOS CLAVE

- **¿Cuándo?** El 18 de junio de 1815
- **¿Dónde?** En Waterloo (Bélgica)
- **¿Contexto?** Las Guerras Napoleónicas (1803-1815)
- **¿Beligerantes?** El Imperio francés contra Reino Unido, el reino de Prusia, el reino de los Países Bajos y diferentes pequeños estados alemanes.
- **¿Actores principales?**
  - Gebhard Leberecht Blücher, mariscal prusiano (1742-1819)
  - Napoléon I, emperador francés (1769-1821)
  - Arthur Wellesley, duque de Wellington, comandante de las tropas británicas, neerlandesas y alemanas (1769-1852)
- **¿Resultado?** Victoria decisiva de la coalición
- **¿Víctimas?**
  - Bando francés: alrededor de 26 000 muertos y heridos
  - Bando de la coalición: alrededor de 24 000 muertos y heridos

INTRODUCCIÓN

Napoleón I llega al poder en Francia en 1799 e intenta controlar, durante su reinado, todo el continente europeo, lo que incita a la creación de numerosas coaliciones que reúnen contra él las grandes potencias europeas de la época (Reino Unido, Prusia, Rusia y Austria).

Vencido una primera vez en 1814, Napoleón I retoma el poder un año después y recluta un nuevo ejército. Con la esperanza de vencer a sus adversarios antes de que se alíen de nuevo contra él, entra en Bélgica el 15 de junio con el objetivo de vencer a los británicos, los neerlandeses y los prusianos. Una victoria francesa haría renacer el Imperio y sumiría de nuevo a Europa en la guerra; una derrota marcaría el final de la epopeya napoleónica y el retorno de la monarquía en Francia: así pues, el enfrentamiento es crucial.

La batalla transcurre el 18 de junio en Mont-Saint-Jean, a algunos kilómetros al sur de Waterloo. A las 11:15 horas, Napoleón I se juega el todo por el todo y ataca. El ejército anglo-neerlandés, dirigido por Arthur Wellesley, consigue contener a los franceses y recibe, algunas horas más tarde, el refuerzo de las tropas prusianas dirigidas por Gebhard Leberecht Blücher. La coalición contrataca y los franceses, vencidos, se ven obligados a huir.

La victoria es decisiva: Napoleón I abdica por segunda vez el 22 de junio de 1815 y es desterrado a la isla Santa Elena (en el Atlántico Sur).

CONTEXTO POLÍTICO Y SOCIAL

Lejos de ser un acontecimiento aislado, la batalla de Waterloo es el punto final de una lucha entre la Francia revolucionaria y luego imperial y las otras potencias europeas, que se sienten amenazadas por las ambiciones expansionistas de Napoleón I. Para entender los orígenes de este conflicto, hay que remontarse a la Revolución francesa (1789).

LAS GUERRAS DE LA REVOLUCIÓN FRANCESA, PRELUDIO DE LAS GUERRAS NAPOLEÓNICAS

En 1789 el pueblo francés se subleva para manifestar su malestar frente a los desequilibrios de la sociedad. La Revolución se radicaliza rápidamente y empuja a los soberanos europeos a reaccionar, puesto que temen que esta se extienda a sus posesiones. El movimiento sufre amenazas, pero esto no hace más que reforzarlo: tras duros combates, se proclama la República el 21 de septiembre de 1792 y el rey Luis XVI (1754-1793) es encarcelado, juzgado y finalmente ejecutado el 21 de enero de 1793.

En vez de cesar, el conflicto aumenta y se convierte en ideológico: el objetivo del nuevo régimen es extender la Revolución a los otros pueblos europeos para aportarles la libertad, mientras que los soberanos desean vencer a la República para evitar que las ideas revolucionarias amenacen a sus reinos. Por lo tanto, los diferentes estados se unen y crean coaliciones con las que Francia tendrá que medirse:

- la Primera Coalición, formada en 1793 incluye, en particular, Gran Bretaña, Austria, Prusia, las Provincias Unidas (Países Bajos), España y Rusia. Los combates duran hasta 1797 y terminan en victoria para Francia, que incluso logra conquistar los Países Bajos austriacos (Bélgica) y la orilla izquierda del Rin. La República también teje una alianza con España y extiende su influencia en el norte de Italia;
- la Segunda Coalición, formada en 1798, reúne principalmente a Gran Bretaña, Rusia y Austria. Mientras que la coalición primero parece capaz de ganar, se divide de nuevo y Francia vuelve a ganar el conflicto. En 1801 y 1802 se firman una serie de tratados entre los aliados y Francia, que oficializan la anexión de Bélgica y de la orilla izquierda del Rin y aumentan su influencia en Italia.

¿SABÍAS QUE...?

En ese momento, el mapa de Europa no es como el que conocemos hoy en día:

- Alemania no está unificada: está dividida en muchos pequeños estados, dominados por Austria por el sur y Prusia por el este. La unificación termina en 1871;
- Italia también está fragmentada. El país se unirá en 1870;
- Bélgica forma parte de Austria hasta la conquista francesa en 1794. Después de la derrota de Napoleón I, se une a las Provincias Unidas para formar el Reino de los Países Bajos. Pero la unión no dura y los belgas consiguen su independencia

en 1830. Por esta razón, se habla de soldados neerlandeses para designar a los holandeses y los belgas.

EL IMPERIO FRANCÉS, DE LAS VICTORIAS A LOS NUMEROSOS FRACASOS

Con el golpe de Estado del 18 de brumario (nombre que sale del calendario revolucionario y que corresponde al 9 de noviembre de 1799), Napoleón Bonaparte toma el poder en Francia. Este episodio marca el final de la República y el inicio del Consulado, un régimen autoritario encabezado por el primer cónsul, que toma el nombre de Napoleón I. Este refuerza aún más su poder cuando se hace proclamar emperador el 18 de mayo de 1804. Aunque el aspecto ideológico del conflicto que enfrenta a Francia con las otras potencias europeas pierde gradualmente su importancia, la guerra continúa debido a las ambiciones expansionistas de Napoleón:

- la guerra de la Tercera Coalición (1805) enfrenta Francia al Reino Unido, a Rusia y a Austria. Mientras que los ingleses ganan una importante batalla naval en Trafalgar (21 de octubre), los rusos y los austriacos resultan abatidos severamente en el continente, especialmente en Austerlitz (2 de diciembre). Esta derrota es un golpe fatídico para los austriacos, que se retiran de la guerra. La alianza se disuelve en ese momento;

El 2 de diciembre de 1805, en Austerlitz (ahora Slavkov u Brna, en la República Checa), Napoleón I, al frente de 75 000 hombres, se enfrenta a 90 000 austro-rusos. Frente a fuerzas superiores en número, el emperador logra una de sus victorias más impresionantes: hay 5500 franceses muertos o heridos frente a 16 000 enemigos que quedan fuera de combate, 10 000 prisioneros y 185 piezas de artillería capturadas.

Unas semanas antes, el 21 de octubre de 1805, frente al cabo de Trafalgar (España), la flota franco-española, formada por 33 barcos dirigidos por el vicealmirante Pierre Charles Silvestre de Villeneuve (1763-1806), se encuentra con la de los ingleses, formada por 27 barcos bajo el mando del vicealmirante Horatio Nelson (1758-1805). A pesar de la muerte de este último, el enfrentamiento termina con una victoria decisiva para Inglaterra.

La batalla de Austerlitz y la de Trafalgar pueden ser vistas como la afirmación de la dominación de Francia e Inglaterra en sus terrenos predilectos: la tierra para la primera, el mar para la segunda.

- la guerra de la Cuarta Coalición (1806-1807) ve especialmente enfrentarse a franceses y prusianos. Estos últimos son abatidos con rapidez en septiembre de 1806 y, como los austriacos el año precedente, se ven forzados a abandonar la coalición. Los rusos son igualmente derrotados a principios de 1808 y el emperador Alejandro I (1777-1825) se ve obligado a aliarse con Napoleón I;

• la guerra de la Quinta Coalición comienza con la intervención británica en la Península Ibérica (1808) para apoyar una revuelta contra el ocupante francés. Aprovechando esta oportunidad, los austriacos reactivan la guerra contra Francia, pero son derrotados durante el verano de 1809. Después de estas victorias, el Imperio Francés alcanza su apogeo: se extiende sobre Francia, Bélgica, los Países Bajos, una parte de Alemania y de Italia. Por otra parte, Napoleón I controla España, los Estados renanos (Alemania) y Polonia, y es aliado de Prusia y Austria;

• la guerra de la Sexta Coalición empieza en 1812, cuando el emperador francés invade Rusia con el Gran Ejército (formado por aproximadamente 650 000 hombres). Moscú cae en manos de los franceses en septiembre, pero Alejandro I se niega a negociar. Los rusos prenden fuego a la capital, lo que obliga a Napoleón a retirarse con dificultades. Mientras tanto, Arthur Wellesley (futuro duque de Wellington) obliga a los franceses a abandonar España. Aprovechando la derrota francesa, Austria y Prusia se unen a la coalición. Juntos causan varias derrotas importantes a Napoleón I, que abdica en Fontainebleau el 6 de abril de 1814.

LOS CIEN DÍAS

Tras su abdicación y la firma del Tratado de Fontainebleau (11 de abril de 1814), Napoleón I es desterrado a la isla de Elba (en la costa toscana, en Italia), que le es concedida en plena soberanía, mientras que en Francia se restaura la monarquía: Luis XVIII (1755-1824), hermano de Luis XVI, asciende al trono.

Pero Napoleón I no está dispuesto a renunciar y regresa a Francia unos meses más tarde con el objetivo de recuperar el poder. El 1 de marzo de 1815, atraca en el sureste de Francia; esta fecha marca el inicio de los cien días que corresponden a la última etapa de su reinado. Así comienza su ascenso a París durante el cual cada tropa enviada para detenerlo se incorpora a su ejército. Finalmente, el 20 de marzo, entra en la capital, que Luis XVIII ha abandonado para refugiarse en el Reino de los Países Bajos.

A su regreso, Napoleón I reorganiza el ejército francés con el fin de poder resistir una guerra que ve inevitable contra la coalición. Además de los hombres de la guarnición, logra reclutar un ejército de campaña de cerca de 210 000 soldados. Pero, ante él, se forma la Séptima Coalición, que tiene tropas muy superiores en número a las suyas. La alianza cuenta con:

- 100 000 anglo-neerlandeses en el oeste de Bélgica, bajo el mando de Arthur Wellesley;
- 150 000 prusianos en el este de Bélgica y Luxemburgo, comandados por Gebhard Leberecht Blücher;
- 300 000 austriacos a lo largo del Rin y en Italia, bajo el mando de Carlos Felipe de Schwarzenberg (1771-1820);
- 165 000 rusos que se desplazan a Francia, dirigidos por Mijaíl Barclay de Tolly (1761-1818).

En lugar de esperar la invasión de este enorme ejército, Napoleón I decide tomar la iniciativa: quiere atacar en

Bélgica. Su plan consiste en avanzar hacia Charleroi para ganar la vanguardia del ejército prusiano y luego volverse contra el ejército británico destinado más al noroeste. Por consiguiente, espera derrotar a sus dos enemigos por separado sin que tengan la oportunidad de reagruparse.

El 15 de junio de 1815, Napoleón I entra en Bélgica a la cabeza de un ejército de aproximadamente 125 000 hombres y, de acuerdo con sus planes, derrota a las tropas prusianas que se encuentran alrededor de Charleroi en la batalla de Ligny el 16 de junio. Pero no es hasta el día siguiente por la mañana que el emperador francés ordena al mariscal Emmanuel, marqués de Grouchy (1766-1847), que persiga a los prusianos, lo que les permite organizar su retirada y unirse más tarde a Arthur Wellesley en Waterloo. Mientras tanto, Napoleón ordena al mariscal Michel Ney (1769-1815) que ataque a las posiciones británicas en el cruce de Quatre Bras, con el fin de evitar que puedan organizar su defensa. Pero este último fracasa y Arthur Wellesley tiene el tiempo necesario para replegar a sus tropas en una posición defensiva reconocida previamente, en Mont-Saint-Jean, al sur de Waterloo. Fue allí donde el 18 de junio tiene lugar la batalla decisiva que marca el final de la campaña de los Cien Días.

¿SABÍAS QUE...?

En Ligny, Napoleón I dirige alrededor de 60 000 hombres contra 90 000 prusianos bajo las órdenes de Gebhard Leberecht Blücher. El emperador obtiene una victoria total, que le permite dejar fuera de combate prácticamente a 25 000 enemigos. Sin embargo, pierde alrededor de 7000 hombres, y no se molesta en perseguir inmediatamente a los prusianos, lo que tendrá consecuencias nefastas en los días siguientes.

Por su parte, el mariscal francés Michel Ney recibe la orden de abrir el camino a Bruselas y cubrir el ataque del emperador contra los prusianos dirigiéndose a Quatre Bras. Allí se encuentra con una pequeña tropa anglo-neerlandesa (de unos 8000 hombres), mientras que dispone de un poco menos de 30 000 hombres. Pero Michel Ney tarda en entrar en acción y durante el enfrentamiento, que dura toda la tarde y parte de la noche, los aliados se refuerzan incesantemente, lo que les permite mantener a raya a los franceses. El enfrentamiento se termina en statu quo. Cuando se entera de la derrota de los prusianos en Ligny, Arthur Wellesley decide replegarse hacia Waterloo.

ACTORES PRINCIPALES

NAPOLEÓN I, EMPERADOR FRANCÉS

Napoleón Bonaparte nace en Ajaccio (Córcega) el 15 de agosto de 1769. Procedente de la pequeña nobleza corsa, recibe una educación militar durante la cual ya muestra una predisposición para el mando, en especial en una simple batalla de bolas de nieve en la que dirige a sus compañeros de clase. En 1784, es asignado a un regimiento de infantería.

Los conflictos que estallan durante la Revolución le permiten ganar fama en Francia, tomar el poder y tratar de extender el dominio francés sobre toda Europa. Así, durante la guerra de la Primera Coalición, destaca durante las campañas de Italia por sus estrategias audaces y sus numerosas victorias, conseguidas aun disponiendo de menos hombres que su adversario. Se convierte en un estorbo para los miembros del Directorio (régimen francés, 1795-1799), y es enviado a Egipto con el fin de poner en práctica personalmente su plan, cuyo objetivo es perjudicar a Inglaterra cortando la ruta de las Indias. A su regreso, Napoleón Bonaparte organiza un golpe de Estado e instaura el Consulado el 9 de noviembre de 1799. Como primer cónsul, dirige el país, pone fin a la guerra de la Segunda Coalición y se hace proclamar emperador de los franceses el 18 de mayo de 1804. A continuación vienen las guerras de las Tercera, Cuarta, Quinta y Sexta coaliciones, justificadas por el hecho de que, para poder gobernar en paz, primero tiene que derrotar a sus adversarios, que quieren destruir su plan, y garantizar que Francia vuelva a ser una monarquía. Vencido y exiliado una primera vez en 1814, Napoleón I es derrotado definitivamente en la batalla de Waterloo. Abdica por segunda vez el 22 de junio de 1815. Desterrado en la isla Santa Elena, muere allí el 5 de mayo de 1821.

Limitar a Napoleón a su brillante espíritu de estratega es algo un poco simplista. De hecho, a la cabeza de Francia, lleva a cabo reformas económicas y administrativas, y establece un nuevo código civil que todavía hoy influye en la legislación de Francia y de otros países europeos. Sin embargo, después de su caída y de su destierro, deja una Francia parcialmente arruinada y debilitada demográficamente.

ARTHUR WELLESLEY, EL COMANDANTE DE LAS TROPAS BRITÁNICAS, NEERLANDESAS Y ALEMANAS

Arthur Wellesley nace el 1 de mayo de 1769, probablemente en Dagan Castle (Irlanda). Después de recibir una escolarización tradicional para un joven noble, se une al ejército y participa en la guerra de la Primera Coalición. A continuación es enviado a la India, donde controla su propia división y participa con éxito en varias guerras.

Después de estos éxitos, Arthur Wellesley se dirige hacia la Península Ibérica para apoyar la rebelión contra el ocupante francés. Sus victorias se multiplican: echa a los franceses de Portugal en 1810 y 1811, y luego los vuelve a echar fuera de España, después de la batalla de Vitoria (21 de junio de 1813). A continuación, conduce a sus tropas al sur de Francia y contribuye en gran medida a la caída de Napoleón I en 1814.

El 21 de junio de 1813, en Vitoria (País Vasco), las tropas anglo-españolas comandadas por Arthur Wellesley se encuentran con el ejército francés de España dirigido por Jean-Baptiste Jourdan (1762-1833) en retirada hacia Francia, para poner a salvo a José Bonaparte (hermano mayor de Napoleón I y rey de España, 1768-1844). Con superioridad numérica, Arthur Wellesley obtiene una victoria decisiva que fuerza a José Bonaparte a huir precipitadamente hacia Francia. La derrota marca el fin de la presencia francesa en la Península Ibérica y el comienzo de incursiones aliadas en el territorio francés.

Convertido en duque de Wellington, Arthur Wellesley se encuentra en Viena para negociar la paz cuando el emperador francés regresa del exilio. Al darse cuenta de la amenaza que acecha, vuelve rápidamente para tomar el mando de las fuerzas inglesas en Bélgica para hacer frente a la ofensiva francesa que comienza el 14 de junio. Después de la derrota prusiana en Ligny el 16 de agosto, el duque de Wellington se repliega en Mont-Saint-Jean, posición fortificada en la que espera poder resistir los ataques mientras espera los refuerzos prusianos. Su plan va según lo previsto y, el 18 de junio, Napoleón I es derrotado.

Paralelamente a su carrera militar, Arthur Wellesley también lleva a cabo una carrera política. Durante la guerra, es diputado en la Cámara de los Comunes de Irlanda y después en la del Reino Unido. Después de la guerra, ocupa altos cargos políticos y militares, entre ellos el de Primer Ministro del Reino Unido entre 1828 y 1830. Se retira de la vida política en 1846 y muere en el castillo de Walmer (Inglaterra) el 14 de septiembre de 1852.

GEBHARD LEBERECHT VON BLÜCHER

Gebhard Leberecht von Blücher nace en Rostock (Alemania) el 16 de diciembre de 1742. Participa en la Guerra de los Siete Años (1756-1763), en nombre del reino de Suecia, y es capturado por el ejército prusiano en 1760, al que se incorpora a la fuerza. Sirve durante un tiempo al rey de Prusia, Federico II el Grande (1712-1786), antes de desertar.

¿SABÍAS QUE...?

La Guerra de los Siete Años transcurre entre 1756 y 1763 y enfrenta a Francia, Rusia y Austria con Inglaterra y Prusia. Los enfrentamientos de este conflicto prácticamente mundial se llevan a cabo en dos zonas de operaciones:

- en el continente, Prusia resiste con éxito a los ejércitos franceses, rusos y austriacos;
- en las colonias americanas e indias, Gran Bretaña le toma ventaja a Francia.

La confrontación conduce al Tratado de París, que reconoce el surgimiento de Prusia como potencia de primer nivel y que marca el retroceso de la presencia francesa en América del Norte y en las Indias Orientales.

Llamado a filas durante las guerras de la Revolución francesa, conserva la confianza del rey de Prusia Federico Guillermo III (1770-1840) a pesar de sus numerosas derrotas. Unos años más tarde, sale victorioso de la guerra de la Sexta Coalición. A la cabeza de las tropas prusianas en Bélgica durante la campaña de los Cien Días, primero es derrotado en Ligny, pero logra organizar una retirada disciplinada hacia Waterloo, donde participa en la derrota de Napoleón I. Gebhard Leberecht Blücher muere el 12 de septiembre de 1819 en Krobielowice (Polonia).

ANÁLISIS DE LA BATALLA

LOS PREPARATIVOS

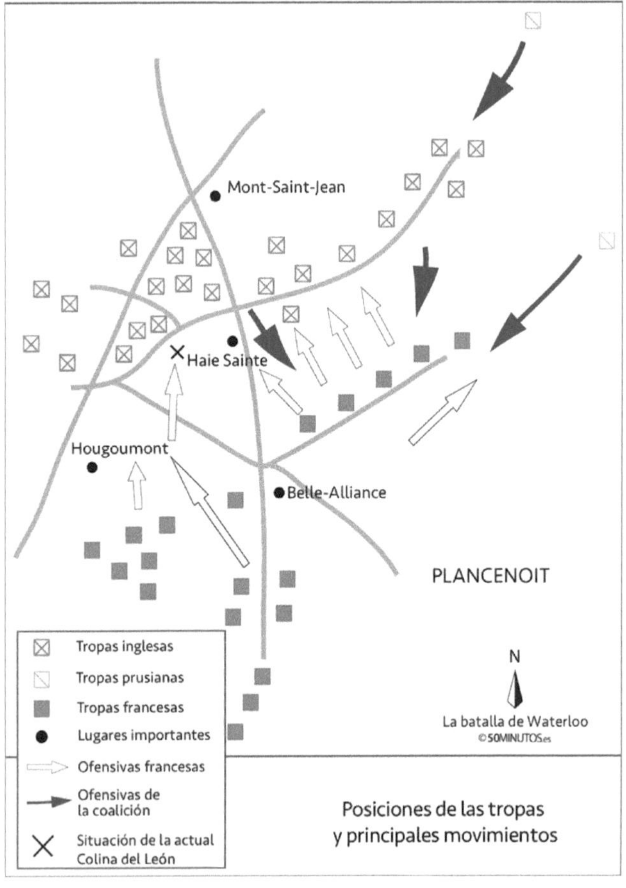

Posiciones de las tropas y principales movimientos

Las fuerzas de la coalición y el plan de Arthur Wellesley

Después de la derrota prusiana en Ligny y de los combates entre británicos y franceses en Quatre Bras, Arthur Wellesley decide replegarse en la meseta de Mont-Saint-Jean, al sur de Waterloo. Allí dispone a sus tropas en una sólida posición defensiva en un amplio frente de 3500 metros. Coloca a sus hombres hacia el sur en medio del camino de Charleroi-Bruselas que toman los franceses, lo que obliga a Napoleón I a luchar en el lugar elegido por el comandante de las tropas aliadas.

Arthur Wellesley encabeza un ejército de unos 67 000 hombres (en el que hay 12 000 jinetes) y cuenta con 159 piezas de artillería. La mayoría de sus soldados son ingleses o neerlandeses, pero también hay muchos mercenarios alemanes. Su plan de batalla es clásico: tiene un centro y dos alas y, en la retaguardia, mantiene una gran reserva que podrá hacer intervenir cuando sea necesario. Además, el mariscal prusiano Gebhard Leberecht von Blücher, derrotado en Ligny, pero que Napoleón I no se cuida de perseguir creyendo que ha sido vencido definitivamente, promete que acudirá en su ayuda mediante el fortalecimiento de la parte izquierda de su dispositivo. Contando con esta ayuda, el comandante de la coalición coloca a sus mejores tropas en el ala derecha. Por otra parte, saca provecho de la topografía colocando a sus tropas contra la pendiente para ocultarlos a ojos de los franceses y protegerlos de su artillería.

Las fuerzas francesas y el plan de Napoleón

Las tropas francesas llegan al campo de batalla la tarde del 17 de junio, pero es demasiado tarde para comenzar la lucha. Sin embargo, Napoleón I sabe que el tiempo corre en su contra, ya que debe atacar a las tropas de Arthur Wellesley antes de que reciban refuerzos. Sin embargo, se muestra confiado, pensando que el inglés busca ganar tiempo y que se romperá la lucha tan pronto como los franceses ataquen.

El emperador francés encabeza a 74 000 hombres (entre los que hay 13 000 jinetes) y tiene aproximadamente 250 piezas de artillería. Como de costumbre, Napoleón I coloca a sus tropas en tres niveles, el más avanzado se encuentra a la derecha del dispositivo —y, por lo tanto, delante del ala izquierda de Arthur Wellesley, la más débil. La relación numérica entre los dos adversarios es más o menos igual, pero Napoleón I, sin embargo, tiene más piezas de artillería.

Subestimando la determinación de la coalición, el emperador planea un violento ataque contra el centro y el ala izquierda del dispositivo de sus adversarios con el fin de obtener una victoria rápida. Se muestra bastante optimista sobre el resultado de la batalla. Algunas horas antes del inicio de las hostilidades, habría anunciado a sus oficiales: «Si obedecéis mis órdenes, esta noche dormiremos en Bruselas» (McDonald 1995, 52).

EL PRIMER ACTO: EL ATAQUE FRANCÉS

Por desgracia para Napoleón, el 18 de junio es un día de lluvia. El tiempo empieza a mejorar alrededor de las 9 de la mañana, pero el emperador decide esperar todavía un poco para que el terreno esté seco, lo que facilitaría el ataque de sus hombres. Así, aprovecha este contratiempo para pasar revista a sus tropas y hacer que lo aplaudan.

Napoleón I en el campo de batalla.

En el bando contrario, Arthur Wellesley lo observa con su telescopio y escucha los gritos de los soldados franceses que lo vitorean. Pero el comandante británico no se deja impresionar, y espera con calma el comienzo del ataque sabiendo que, cuanto más tiempo pasa, más se acercan los prusianos al campo de batalla.

A las 11:15 horas, Napoleón I inicia la embestida. Ordena un ataque de distracción en el flanco derecho de la coalición (a la altura de la granja-castillo de Hougoumont) mientras que cuenta hacer atacar el grueso de sus tropas por el otro lado. Pero sus órdenes son malinterpretadas, y lo que tenía que ser una simple distracción se convierte en un vigoroso asalto. La situación rápidamente se considera crítica porque Hougoumont está bien defendido, y los franceses se ven obligados a enviar refuerzos, lo que moviliza a poco menos de 10 000 hombres que, de este modo, no participarán en el ataque real.

Ataque en Hougoumont.

La artillería francesa entra en juego alrededor del mediodía y el bombardeo de las tropas de la coalición alcanza su punto máximo entre las 13:30 y 14 horas. Después, el grueso de las tropas de Napoleón I se lanza al ataque de las posiciones enemigas. Pero, mientras que los hombres de Arthur

Wellesley habían estado relativamente protegidos hasta ahora gracias a su posición, los franceses que ahora avanzan al descubierto se ven muy afectados por la artillería británica, que cuenta con un nuevo tipo de munición: el shrapnel (obús que explota antes del impacto proyectando muchas balas). Arthur Wellesley decide entonces hacer entrar en combate una parte de su caballería, lo que tiene el efecto de hacer retroceder las tropas de Napoleón I. Como reacción, este da las mismas órdenes: su caballería casi aniquila por completo a la de su oponente. El primer balance es negativo para el bando de la coalición, pero Arthur Wellesley ha podido repeler el primer asalto francés.

¿Sabías que...?

El ataque de la caballería británica es tan eficaz porque los franceses cometen el error de atacar con una disposición en profundidad. Esta formación tiene la ventaja de poder extenderse rápidamente para ensanchar el frente, pero hace difícil la formación de cuadros, que es la mejor manera de resistir a un ataque de la caballería.

A las 15 horas, Napoleón I decide llevar a cabo un ataque general contra el centro del dispositivo británico. La artillería francesa entra de nuevo en acción, lo que obliga a Arthur Wellesley a hacer retroceder a sus tropas. El mariscal francés Michel Ney, creyendo que los británicos se retiran, hace atacar a la caballería. Pero, al igual que en la primera ofensiva, los atacantes se ven debilitados por la artillería británica y luego se enfrentan a una poderosa infantería.

Entonces, Napoleón I se ve obligado a enviar a sus refuerzos para ayudar al mariscal francés.

EL SEGUNDO ACTO: LA LLEGADA DE LOS PRUSIANOS

Advertido de la llegada de las tropas prusianas de Gebhard Leberecht Blücher, el emperador francés había tenido la precaución de enviar a las 13:30 horas a diez mil hombres para contenerlos, con la esperanza de que esto le dejaría tiempo para derrotar a Arthur Wellesley. Pero los prusianos consiguen sobrepasarlos atacando, a las 16:30 horas, el flanco derecho del dispositivo de Napoleón I, que se ve obligado a enviar a algunas de sus tropas de reserva para frenar el avance prusiano.

Jugándose el todo por el todo, el emperador francés ordena a sus hombres que capturen la posición central del dispositivo de Arthur Wellesley, situado cerca de la granja de la Haie Sainte, a cualquier precio. Michel Ney dirige el ataque y logra su objetivo sobre las 18:30 horas. Entonces, parece que la batalla se decanta a favor de Napoleón I, pero las tropas del comandante británico resisten con valentía: «¿Mis instrucciones? No pueden ser más simples: aguantar hasta el final»[1], habría dicho él, que sabe que el tiempo juega a su favor y que, si sus tropas resisten todavía un poco, los prusianos le aportarán quizás la victoria.

---

1. Cita traducida por 50Minutos.es

Los cuadros británicos reciben la carga de los coraceros franceses, pintura de Henry Félix Emmanuel Philippoteaux, 1874.

El mariscal Michel Ney, que quiere sacar ventaja de su éxito, solicita refuerzos a Napoleón I, que se los deniega para preservar las fuerzas restantes para el ataque prusiano. De hecho, Gebhard Leberecht Blücher acaba de lanzar una serie de ofensivas que amenazan con perforar el flanco derecho de los franceses. El emperador, que con él solo conserva la Guardia Imperial, hace converger a sus reservas hacia los prusianos y, alrededor de las 19 horas, las tropas de Gebhard Leberecht Blücher se detienen momentáneamente y el flanco derecho francés se estabiliza.

EL TERCER ACTO: LA OFENSIVA DE LA COALICIÓN

Creyendo que los prusianos están definitivamente inmovilizados y que las reservas de Arthur Wellesley están agotadas, Napoleón I hace entrar en combate a su unidad de élite, la Guardia Imperial, a las 19:30 horas. Sin embargo, la situación de la coalición no es tan desesperada como cree el emperador: las tropas prusianas continúan llegando al campo de batalla y refuerzan el ala izquierda del dispositivo del comandante británico, lo que le permite traer a algunas de sus tropas hacia el centro, muy debilitado.

Gracias a los refuerzos, las tropas de la coalición resisten el ataque de la Guardia Imperial y deciden contraatacar. La situación se vuelve rápidamente crítica para los franceses: el frente vacila, algunas unidades retroceden y la derrota rápidamente se convierte en una desbandada. Los soldados huyen desordenadamente, cubiertos por la heroica resistencia de algunas formaciones de la guardia que se mantienen en posición de cuadros defensivos. Según la leyenda, Pierre Jacques Étienne, vizconde Cambronne (1770-1842), comandante del último cuadro, habría respondido a un general británico que le propuso que se rindiera: «¡La guardia muere pero no se rinde!»[2]. Ante la insistencia del británico, habría obtenido una respuesta más corta y menos elegante: «¡Mierda!»[3]. Poco después, el intrépido soldado francés fue capturado.

Cerca de las 22 o las 23 horas, mientras que Napoleón I huye del campo de batalla, Arthur Wellesley y Gebhard Leberecht Blücher se reúnen y se felicitan por su victoria, mientras que los prusianos recién llegados se encargan de la persecución.

---

2. Cita traducida por 50Minutos.es
3. Cita traducida por 50Minutos.es

BALANCE DE LA BATALLA DE WATERLOO Y CONTROVERSIAS

Desde un punto de vista humano, la batalla de Waterloo es extremadamente mortífera a pesar de que ni siquiera dura un día. Las pérdidas británicas y neerlandesas se elevan a cerca de 17 000 muertos y heridos y sus aliados prusianos pierden aproximadamente 7000 hombres. El balance es muy elevado y, a pesar de ser el vencedor, Arthur Wellesley no está para celebrarlo: «Con estas pérdidas, ¿cómo quiere que sienta la más mínima alegría por mi victoria?»[4] (Bernard 1973, 221).

En el bando de los franceses, hay no menos de 26 000 muertos y heridos, a los que hay que sumar los 10 000 prisioneros. La mayor parte de los soldados franceses sanos y salvos se dispersan o desertan. Por lo tanto, de los 74 000 hombres que tenía el ejército de Napoleón I la mañana del 18 de junio, solamente 27 000 se agrupan en Laon el 24 de junio. Para la coalición, la victoria es total: Napoleón I no puede continuar con la lucha y se ve obligado a abdicar por segunda vez el 22 de junio de 1815.

Para explicar esta derrota francesa, es posible destacar varios errores con graves consecuencias:

- la transmisión de las órdenes no siempre es rápida y precisa. Esto explica en parte por qué lo que iba a ser un ataque de distracción en Hougoumont se convierte en un

---

4. Cita traducida por 50Minutos.es

enérgico ataque. Lo mismo ocurre con el ataque de la caballería de Michel Ney, que transcurre hacia las 15 horas, demasiado pronto según Napoleón I. En ambos casos, el emperador se ve obligado a enviar refuerzos para apoyar acciones que, sin embargo, él no había aprobado;

- Napoleón I también erró al preferir utilizar sus reservas para hacer frente a los ataques prusianos en su flanco derecho en lugar de apoyar a Michel Ney, que acababa de apoderarse de la granja de la Haie Sante y que pedía refuerzos para dar un golpe fatal a los ingleses. Esto permitió que Arthur Wellesley reforzara su centro y que, así, hiciera frente al ataque de la Guardia Imperial;
- cuando los franceses capturan piezas de artillería del oponente, no las inutilizan. Por lo tanto, cada vez que los franceses retroceden para preparar una nueva carga, las tropas de Arthur Wellesley pueden utilizarlas de nuevo.

¿SABÍAS QUE...?

Si los británicos fueron capaces de resistir a los ataques franceses, también es debido a la ligera ventaja que les confieren sus armas. De hecho, durante la batalla, los franceses utilizan el fusil 1777 que puede disparar dos tiros por minuto, mientras que los británicos disponen del modelo Brown Bess que, aunque es menos preciso, puede disparar hasta cuatro tiros por minuto.

Pero el error principal de los franceses es no haber conseguido evitar que las tropas de Gebhard Leberecht Blücher llegaran a Waterloo. Sobre esto, Napoleón I suscita una importante polémica durante su destierro en la isla Santa Elena, ya que le echa la culpa a Emmanuel, marqués de Grouchy, a quien el 17 de junio había mandado, con 34 000 hombres, perseguir a los prusianos derrotados el día anterior en Ligny. Con esta acusación, intenta ocultar el hecho de que su victoria del 16 de junio hizo que, quizás, se confiara demasiado. De hecho, creyendo que los prusianos se estaban retirando y huían hacia Namur, no es hasta el día siguiente cerca de las 13 horas que encarga al marqués de Grouchy que se dirija hacia Gembloux, luego hacia Namur, con órdenes de vigilar la retirada de Gebhard Leberecht Blücher e incluso, si es necesario, impedirle que llegue hasta donde están los ingleses. Pero el emperador se equivoca: los prusianos, lejos de debilitarse a causa de su derrota, logran reagruparse alrededor de Wavre el 17 de junio. Por su parte, el marqués de Grouchy llega a Gembloux al final del día y, a la mañana siguiente, siguiendo las órdenes que ha recibido, persigue a los prusianos hasta Wavre, lo que continuará haciendo incluso cuando se escuche el ruido de los cañones en acción en Waterloo. Pero Gebhard Leberecht Blücher no se deja atrapar y divide a sus tropas en dos: una parte va a socorrer a Arthur Wellesley y la otra se queda en Wavre, con el objetivo de cortar el paso al mariscal francés y a sus 34 000 hombres y evitar así que lleguen al campo de batalla. Y cuando, hacia las 17 o 19 horas, el marqués de Grouchy recibe finalmente la orden urgente de ir a reforzar el ataque del Emperador, se encuentra bloqueado en Wavre en un enfrentamiento privado de conflicto. Así, aunque se ve claramente que el marqués de Grouchy no posee el genio militar de su jefe, Napoleón I tiene también parte de responsabilidad en la llegada de los prusianos a Waterloo y en la ausencia de sus

34 000 hombres en el campo de batalla.

REPERCUSIONES DE LA BATALLA

Las repercusiones a corto y a largo plazo de la batalla de Waterloo son numerosas y tienen una importancia capital, ya que constituyen un verdadero giro en la historia europea.

LAS CONSECUENCIAS INTERNACIONALES

A corto plazo, la derrota que sufre Napoleón I pone punto final a sus ambiciones de dominación del continente europeo. Tan pronto como resulta vencido, vuelve a París con la esperanza de reunir a tantas personas como sea posible para poder continuar con la lucha, pero los diputados le obligan a abdicar por segunda vez el 22 de junio de 1815. A continuación, tras haber intentado marcharse a Estados Unidos en vano, se rinde ante los ingleses el 15 de julio. Estos lo destierran lo más lejos posible, en la isla Santa Elena, donde llega en octubre de 1815 y muere el 5 de mayo de 1821.

La victoria de la coalición en Waterloo marca sobre todo el triunfo de los principios de legitimidad y de equilibrio europeo. Según estas dos nociones, los cuatro grandes vencedores (Gran Bretaña, Rusia, Austria y Prusia) reorganizan Europa durante el Congreso de Viena (septiembre de 1814-junio de 1815). En él, se toman distintas decisiones:

- en primer lugar, los vencedores niegan los ideales de la Revolución. Así pues, se restauran las monarquías allí donde las guerras de la Revolución y del Imperio las habían abolido. Francia vuelve a ser una monarquía, y Luis XVIII llega al poder;

- a continuación, en nombre del equilibrio europeo, el mapa de Europa (e incluso el del mundo) se vuelve a dibujar para establecer una especie de igualdad de fuerzas entre las grandes potencias con el objetivo de evitar nuevas guerras. Así, Inglaterra se amplía en el Mediterráneo y en India; Rusia obtiene Finlandia y una parte de Polonia; Prusia recibe también una parte de Polonia y añade a sus posesiones Sajonia y Renania; Austria toma igualmente una parte de Polonia y anexiona el Tirol así como una parte de Italia del Norte;
- para terminar, convencidos de que Francia sigue representando una amenaza, los ganadores de la batalla de Waterloo crean a su alrededor numerosos Estados-tapones para impedir que Francia invada otra vez a sus vecinos. Entre ellos se encuentran el Reino de los Países Bajos (formado por Bélgica y por los Países Bajos actuales) en el norte, y el reino de Cerdeña-Piamonte en el sureste.

Sin embargo, al redibujar el mapa de Europa según sus deseos, los que vencieron a Napoleón I no tienen en cuenta la voluntad de independencia de algunos pueblos (por ejemplo, de Polonia). Al dejar de lado las nuevas ideas que trae la Revolución (independencia, libertad, igualdad, etc.), el egoísmo de las grandes potencias europeas sienta las bases de las revoluciones liberales que estallarán en Europa en el 1848, durante la primavera de los pueblos.

LAS CONSECUENCIAS EN FRANCIA

El 20 de noviembre de 1815 Francia, tras haber sido derrotada, está obligada a firmar el tratado de París, donde se establece que:

- vuelve a las fronteras de 1790 y, por consiguiente, pierde todas las conquistas llevadas a cabo durante los periodos revolucionario e imperial;
- está obligada a aceptar un ejército de ocupación en su territorio durante tres años;
- tiene que pagar importantes indemnizaciones.

¿SABÍAS QUE...?

Durante las negociaciones de paz del Congreso de Viena, el representante de Francia es Charles-Maurice de Talleyrand-Périgord (hombre político francés, 1754-1838). Mientras que al inicio de las conversaciones parece que los cuatro grandes vencedores quieren tomar todas las decisiones sin tener en cuenta a Francia, Charles-Maurice de Talleyrand-Périgord logra ser aceptado en la mesa de negociaciones, convirtiéndose en representante de los pequeños Estados decepcionados por la actitud de las grandes potencias. De este modo, consigue tener una importante influencia en el tratado de paz y hace que sea menos duro para Francia.

A todo esto hay que añadir las importantes pérdidas económicas y demográficas. Napoleón I lleva a cabo numerosas reformas económicas, especialmente para permitir que Francia mejore su potencial industrial, pero aun así el Emperador deja en 1815 un país arruinado. A causa del coste de la guerra, de la importante deuda generada por el conflicto y de las indemnizaciones que tiene que pagar, Francia entra en una crisis que tardará cerca de 20 años en superar. El país resulta también muy debilitado en términos demográficos: se estima que alrededor de 1 000 000 de hombres murieron en las Guerras Napoleónicas, lo que crea un importante déficit, incluso si Francia sigue siendo el país más poblado de Europa.

EL DOMINIO DE REINO UNIDO

La victoria de la coalición es sobre todo la del Reino Unido. Efectivamente, en varias ocasiones, mientras en el continente europeo todos han sido vencidos por Napoleón I, Inglaterra es la única que resiste, lo que quizás logra más fácilmente debido a su posición insular. Asimismo, las siete coaliciones sucesivas se forman gracias al impulso británico, ya que Inglaterra no duda en pagar a los estados para hacer que entren en combate. Consciente del peligro, Napoleón I intenta detener rápidamente a los ingleses, ordenando a partir de 1806 un bloqueo continental para arruinarlos. Sin embargo, gracias a su importante flota, los británicos toman el control de los mares, lo que les permite esquivar el bloqueo y continuar comerciando con Rusia, los países escandinavos y Estados Unidos.

El fin del periodo napoleónico le permite a Inglaterra afirmarse como la primera potencia mundial, sobre todo a nivel económico. Apoyándose en una población en constante aumento y en un inmenso imperio colonial que le provee de materias primas, el Reino Unido se convierte en el centro industrial, comercial y financiero de Europa, incluso del mundo. Para mantener esta potencia, Inglaterra desarrolla una importante flota encargada de defender su imperio y su comercio en todo el mundo. Su influencia también se extiende en el ámbito cultural: el inglés se impone como idioma internacional y el modo de vida inglés se expande.

Sin embargo, el siglo XX pone fin a la edad de oro británica: la Primera Guerra Mundial (1914-1918), que concluye con la victoria de Gran Bretaña pero también con su ruina, y la competencia económica de Estados Unidos, hacen que el Reino Unido pase a un segundo plano.

LAS CONSECUENCIAS MILITARES

La victoria de Arthur Wellesley en Waterloo se debe sobre todo a la superioridad de su organización defensiva, en relación con los medios ofensivos que aplica Napoleón I. Esta batalla marca un cambio en la historia militar: poco a poco, la defensa le gana ventaja al ataque.

Efectivamente, Napoleón I era especialista en grandes ataques con el objetivo de traer a sus ejércitos en el lugar y momento adecuados, para vencer al enemigo con el combate cuerpo a cuerpo mediante golpes rápidos y potentes. No obstante, en Waterloo, Arthur Wellesley dispone de forma inteligente sus tropas en una sólida posición defensiva que les permite resistir a todas las embestidas francesas.

Después de la batalla, la defensa se vuelve más fuerte que el ataque, principalmente gracias al progreso tecnológico (artillería más potente, armas de fuego cada vez más rápidas, etc.). Esta tendencia dura más de 100 años y culmina durante la Primera Guerra Mundial, en la que cientos de miles de hombres se lanzan al asalto de las trincheras enemigas. Hay que esperar a la Segunda Guerra Mundial y al uso masivo de los blindados para ver cómo se invierte esta tendencia.

La batalla de Waterloo © 50MINUTOS.es

- Del 1793 al 1814, seis coaliciones sucesivas que reúnen a las grandes potencias europeas combaten contra la Francia revolucionaria y luego napoleónica.
- Vencido una primera vez en 1814, Napoleón I se ve obligado a exiliarse, pero vuelve a Francia en marzo de 1815, lo que suscita la creación de una séptima coalición contra él.
- El 15 de junio de 1815, el Emperador entra en Bélgica con 125 000 hombres con el objetivo de vencer por separado

a las tropas anglo-neerlandesas dirigidas por Arthur Wellesley (100 000 hombres) y las tropas prusianas conducidas por Gebhard Leberecht Blücher (150 000 hombres).

- El día siguiente, Napoleón I derrota a los prusianos en Ligny y se abre el camino de Bruselas frente a los anglo-neerlandeses, en Quatre Bras. Creyendo que ha dejado definitivamente fuera de combate a las tropas de Gebhard Leberecht Blücher, Napoleón I persigue a Arthur Wellesley, que hace replegar a sus tropas en una posición defensiva cerca de Waterloo.

- El 18 de junio, en Mont-Saint-Jean, Arthur Wellesley dispone de 67 000 hombres y de 159 piezas de artillería atrincheradas en una sólida posición defensiva. Por su parte, Napoleón I envía a la batalla a 74 000 hombres y 250 piezas de artillería.

- Los combates comienzan alrededor de las 11 horas y los ataques franceses se suceden hasta tal punto que, hacia las 19 horas, las tropas anglo-neerlandesas están a punto de ceder. Pero los prusianos, habiendo escapado a las tropas que el emperador manda tarde para que les persigan, llegan al campo de batalla y hacen que, irremediablemente, la balanza se decante a favor de la coalición. Hacia las 22 o las 23 horas, todo se ha terminado: Napoleón I vuelve a Francia, vencido.

- Tras esta humillante derrota, el emperador francés abdica por segunda vez el 22 de junio de 1815 y lo destierran definitivamente en la isla Santa Elena, donde muere el 5 de mayo de 1821.

- Por otro lado, Europa se reorganiza según los principios de legitimidad y de equilibrio europeo. Luis XVIII, legítimo pretendiente al trono de Francia, se impone a los franceses, mientras que se crean Estados-tapones alrededor del Hexágono para mantener el equilibrio internacional. Además, las potencias vencedoras dejan vía libre a sus ambiciones y, con esto, sientan las bases para las revoluciones liberales de 1848.

- La batalla marca asimismo un retroceso sensible de la potencia francesa, agotada por la Revolución y el periodo napoleónico, y permite que Inglaterra se afirme como la principal potencia mundial.
- Para terminar, Waterloo abre un nuevo capítulo de la historia militar, el de la primacía de la defensa por encima del ataque, una tendencia que culminará con la Primera Guerra Mundial.

PARA IR MÁS ALLÁ

FUENTES BIBLIOGRÁFICAS

- D'Arjuzon, Antoine. 1998. *Wellington*. París: Perrin.
- Barbero, Alessandro. 2005. *Waterloo*. París: Flammarion.
- Bernard, Henri. 1973. *Le duc de Wellington et la Belgique*. Bruselas: La Renaissance du Livre.
- Bruylants, Albert, Philippe de Callataÿ, Jacques Logie y Jacques Henri. 1990. *Waterloo 1815. L'Europe face à Napoléon*. Bruselas: Crédit communal.
- Cyr, Pascal. 2011. *Waterloo. Origines et enjeux*. París: L'Harmattan.
- Damamme, Jean-Claude. 1999. *La bataille de Waterloo*. París: Perrin.
- de Vos, Luc. 2002. *Les quatre jours de Waterloo*. Lovaina la Nueva: Versant Sud.
- Largeaud, Jean-Marc. 2006. *Napoléon et Waterloo. La défaite glorieuse. De 1815 à nos jours*. París: La Boutique de l'Histoire.
- McDonald, George. 1995. Guía Thomas Cook Viajeros de Bélgica, 52. Barcelona: Ediciones Granica, S. A.
- De Las Cases, Emmanuel. 1828. *Mémorial de Sainte-Hélène*. París: Lecointe.
- Logie, Jacques. 2002. *Napoléon. La dernière bataille*. Bruselas: Racine.
- Logie, Jacques. 2003. *Waterloo. La campagne de 1815*. Bruselas: Racine.
- Logie, Jacques. 1984. *Waterloo. L'évitable défaite*. París/Gembloux: Duculot.
- Roberts, Andrew. 2006. *Waterloo. 18 juin 1815. Le Dernier*

Pari de Napoléon. París: Éditions de Fallois.

- Tulard, Jean. 2012. *Napoléon, chef de guerre*. París: Tallandier.
- Tulard, Jean. 1987. 1987. *Napoléon, ou le mythe du sauveur*. París: Fayard.
- de Waresquiel, Emmanuel. 2008. *Cent Jours. La tentation de l'impossible. Mars-juillet 1815*. París: Fayard.

NOVELAS

- Aron, Robert. 1937. *Victoire à Waterloo*. París: Gallimard.
- de Balzac, Honoré. 2000. *El médico rural*. Madrid: Páramo.
- de Chateaubriand, François. 1849. *Memorias de ultra-tumba*. Madrid: Mellado
- Doyle, Arthur Conan. 2007. *Hazañas y aventuras del brigadier Gerard*. Madrid: Valdemar.
- Hugo, Victor. 1973. *L'Expiation*. En *Les Châtiments*. París: Livre de Poche
- Hugo, Victor. 2008. *Los miserables*. Traducido por Nemesio Fernández Cuesta. Barcelona: Planeta, colección *BackList Clásicos*.
- Merget, Robert. 1970. "La Prise de Bruxelles, 19 juin 1815". En *Audace*, n.º 4, 5-99.
- Obaldia, René. 2007. *Fugue à Waterloo*. París: Grasset
- Ryckmans, Pierre. 1986. *La Mort de Napoléon*. Bruselas: Espace Nord.
- Southey, Robert. 1816. *The Poets Pilgrimage to Waterloo*. Londres: Longman, Hurst, Rees, Orme, and Brown.

FUENTES ICONOGRÁFICAS

- Napoleón I en el campo de batalla. La imagen reproducida está libre de derechos.
- Ataque en Hougoumont. La imagen reproducida está libre de derechos.
- Los cuadros británicos reciben la carga de los *coraceros* franceses, pintura de Henry Félix Emmanuel Philippoteaux, 1874. La imagen reproducida está libre de derechos.

PELÍCULAS Y DOCUMENTALES

- Adieu Napoléon. Película de Youssef Chahine, con Michel Piccoli y Patrice Chéreau.Egipto-Francia, 1985.
- *Comment devient-on Napoléon?* En *Secrets d'histoire*. Reportaje realizado por Roland Portiche y presentado por Stéphane Bern. Francia: France2, 2015.
- *Napoléon*. Dirigida por Abel Gance, con Albert Dieudonné, Antonin Artaud y Gina Manès. Francia, 1927.
- *Napoléon*. Dirigida por Sacha Guitry, con Raymond Pellegrin y Michèle Morgan. Francia-Italia, 1954.
- *Napoléon*. Miniserie de Yves Simoneau, con Christian Clavier, Isabelle Rossellini y Gérard Depardieu. Francia, 2002.
- *La Grande épopée de Napoléon*. Documental de David Grubin. Estados Unidos, 2011.
- *Waterloo*. Dirigida por Serge Bondartchouk, con Rod Steiger, Christopher Plummer y Orson Welles. Unión Soviética-Italia, 1970.

MUSEOS Y EDIFICIOS CONMEMORATIVOS

- La Colina del León en Waterloo, Bélgica. Este túmulo de 40 metros de alto fue erigido en el campo de batalla, en el lugar donde fue herido el príncipe heredero del Reino de los Países Bajos, Guillermo II. Símbolo de la victoria de la coalición, la colina está coronada por un pedestal sobre el que hay un león (símbolo de los Países Bajos) mirando a Francia. En la cumbre, gracias a una mesa de orientación se pueden observar varios puntos de interés sobre la batalla.
- El Centro del Visitante y la sala del Panorama. Al lado de la Colina del León, estos dos lugares son los puntos de partida ideales para visitar el lugar de la batalla. El Centro del Visitante proyecta dos películas que sumergen al espectador en el corazón del evento. La sala del Panorama contiene una pintura que presenta una panorámica de la batalla, objetos de la época y un efecto de sonido que participa a la creación del ambiente.
- El museo Wellington. En el centro de Waterloo, el museo sigue en detalle la historia de la batalla y expone objetos así como armas de la época.
- El último Cuartel General de Napoleón: este museo está en una granja en la que Napoleón I pasó la noche del 16 al 17 de junio. Contiene numerosos recuerdos del emperador, así como objetos relativos a la batalla de Waterloo.
- El Museo de Cera. Ubicado cerca del Centro del Visitante, este museo escenifica representaciones de los principales actores de la batalla.
- El vivaque napoleónico. Cada año, a mediados de junio,

se realiza una reconstitución de los vivaques de los
dos ejércitos en el campo de batalla. Es la ocasión de
descubrir las condiciones de vida de los soldados de la
época, de asistir a una reconstitución de los combates y
a desfiles de tropas.
- Los numerosos monumentos a los muertos erigidos a los
alrededores del lugar de la batalla.

en50MINUTOS.es
Historia
Economía y empresa
Coaching
EL DIAGRAMA DE ISHIKAWA
Material
Método
Máquina
Madre Naturaleza
Medida
Hombres
LA GUERRA DE PALESTINA DE 1948
DOMINA EL ARTE DEL NETWORKING
¡APRENDER NUNCA ANTES FUE TAN RÁPIDO!
www.en50minutos.es

www.en50Minutos.es

ISBN ebook: 9782806277978

ISBN papel: 9782806285157

Depósito legal: D/2016/12603/446

Libro realizado por Primento, *el socio digital de los editores*